I0477548

CODI ALBERT

LÁGRIMAS EN EL ESPEJO

Sintonía final

Poesías

PRESENTACIÓN

Después de haber realizado el primer paso con **LA SOMBRA DE MI ALMA** el cual me enseñó la libertad, porque abrió los canales emocionales y dialécticos, escondidos que albergaban dentro de mí; ahora y sin más preámbulos, humildemente les presento mi segundo ejemplar poético **LÁGRIMAS EN EL ESPEJO.**

Encerrado por los vaivenes de la vida, entendí que el amor es el único remedio, la única salida, es la decencia de la inocencia, es la actitud de la virtud. El amor es un conjunto, lo es todo, es la expresión pura de la vida.

Muchas veces preferimos vivir enmascarados, por temor al fracaso o sigilosamente nos hundimos en el miedo sin darle espacio a lo sagrado y nos lastimamos mutuamente sin entender que en este mundo todos tenemos espacio.
La poesía es una esencia del sentimentalismo, es abrir el corazón y mediante frases, expresar toda la emoción guardada, es una Odisea enamorada donde la pureza es más grande que la verdad, que

al expresarlo encuentra su libertad y los vasos sanguíneos fluyen como corrientes de agua viva. La poesía cura heridas, dulcifica al amor y lo convierte en religión.

Hoy mediante un segundo libro quiero compartir emociones escondidas que pueden ser parte de tu realidad, quiero decirte que para ti también es la felicidad y aunque por más efímera que sea, está en ti... que tu felicidad nunca se muera.

Sin más, con toda la sazón del corazón, con mucha emoción, desnudo mi alma y te invito a descubrir que hay más allá de la inspiración.

DEDICA:

Cada mañana y cada atardecer
tu eres mi fortaleza dentro de mi ser,
a tu lado no hay verano sofocante,
ni invierno escalofriante,
solo existe eterna primavera;
Tú eres un otoño angelical
porque cada segundo junto a ti
mi vida es muy especial.

LÁGRIMAS EN EL ESPEJO

Llevo alegrías y penurias muy dentro.
llevo trilogías para escribir un cuento
mi entusiasmo aún es superficial,
es bipolar... hasta mi entendimiento.

Los sentimientos me abrazaron en su lecho,
me ignoraron y me pusieron un precio
y al mirar mi irónico pasado,
solo encuentro lágrimas en el espejo.

Bailé junto a la felicidad y al miedo
y en mi nostálgica memoria,
aún llevo viejos recuerdos
que dibujan mis arrugas y mi tiempo.

Aunque los pétalos del corazón herido
han caído, como hojas secas en su delirio;
hoy siento que floto en el viento,
porque las aventuras al fin se enamoraron
de este loco que aún ve lágrimas en el espejo.

DECLARACIÓN DE AMOR

Tal vez las palabras sinceras
se quedan en el corazón
y solo nos salen versos
llenos de emoción,
pero lo mío por ti,
te juro que es eterno,
porque este sentimiento
viene desde muy adentro.

Será mi timidez o el miedo
a perder en el intento,
por el cual me encuentro
en medio de lamentos
sí, expresarlo ¡cuanto quisiera!
pero espero que comprendas
el amor que por ti llevo dentro.

Tal vez me falte valor
o tal vez esto sea de a dos
pero al mirarte me confundo
y en ti me pierdo.

Aunque la bondad
aún me tiene en su pesebre,

yo no tengo miedo a caerme
tengo miedo, que no llegues
a quererme...
te amo con todo el corazón.

LA NOCHE

Noche amarga e impura
fantasma y gitana,
noche de júbilo y de farra,
confusa y eterna
por salir de ti me desespero
otras veces por ti muero.

¡Ay noche!
Tú que escondes mis sueños
y mis miedos
aunque lívida y extraña
sin ti no habría sosiego,
porque aún oscura
estás llena de fuego.

Y TE VAS

Mis ojos se oscurecen
y mi plegaria se desvanece,
tu silencio significa que lo nuestro
ya no florece.

El áurea y la aurora volverán,
el lamento y el odio
en mi mente se embarcará,
y tú junto a mí, ya no estarás.

Y te vas,
o tal vez ya te fuiste,
por mi ceguera espiritual
no descubrí, que ya no eres parte de mi.

No pediré piedad a la soledad
porque escapar sería un fraude,
solo pido entendimiento a la razón
para soportar este dolor,
que hoy nace dentro de mi corazón.

HIPOCRESÍA

Te vistes de gloria
disfrazando tu historia,
más tú y yo sabemos
que no tienes ni memoria
porque tu mente es una escoria.

Tus lágrimas son penumbras
porque el cinismo es lo que más te alumbra,
yo no soy perfecto, pero contigo
fui el más correcto
y no es pretexto para cambiar tu defecto.
No me avergüenzo de haberte amado
aunque nunca debí estar a tu lado,
me avergüenzo, que por ti
tantas lagrimas haya derramado,
porque tú, eres la cizaña
que con tu carita bonita
a todo el mundo engañas.

El sol volverá a salir
y mi tristeza morirá antes del alba,
porque sé que la esperanza
me devolverá la paz a mi alma.

DONCELLA

Amanece y mi oración florece
y como un espejo mágico
tu figura resplandece
preciosa doncella;
tu sonrisa perpetuada en mí,
me da un nuevo aire
para en este mundo seguir.

Una lágrima de felicidad,
una lágrima de bondad brota en mí,
porque cada suspiro tiene
un pronombre verbo y sustantivo,
eres tú mi oración, mi inspiración,
para amarte con devoción.

Hoy soy bendecido y cada día
me siento más erguido,
hoy la bondad celestial nos acompaña
y los ángeles nuestros corazones baña
de miel, de perfumes y frenesí
porque junto a ti aprendí a ser honesto
aprendí que el amor es respeto.

Este amor no tiene fin
porque tus acciones sobrevaloran
a lo que yo siento por ti,
contigo soy eterno,
soy niño y soy perfecto
porque mi corazón ha experimentado,
ha reído y ha llorado, pero contigo...
siento que la gloria he ganado.

DESTELLOS

Un abrazo no elimina un fracaso
pero evita un mental retraso,
no te escondas ni te sientas moribundo
porque para ti también es este mundo.

Las espinas atravesadas
no te pueden condenar a vivir en la nada,
no busques compasión,
ni enciendas una revolución,
no te ahogues en el pasado, ni te lamentes
por lo que no has logrado.

Recuerda somos pasajeros de la vida
pero a ti aún no te ha hecho la despedida,
sigue luchando sigue bregando
aunque el mal a tu espalda siga vagando.

Ignora su osadía, ignora su fantasía
escápate en silencio y respira cada día,
recuerda, todos cargamos una cruz,
pero también nos ilumina una grande luz;
esta en ti poder elegir
lo que te puede hacer feliz
o lo que te termine de consumir.

INCONSCIENCIA

Por qué te empeñas
en desairar a la razón,
por qué simplemente
juegas con la seducción
sí eso, es la esencia del amor.

Por qué gritas a los vientos
que eres libre y que
a nadie llevas dentro
más yo veo que eres prisionera
de tus ideas y tormentos.

Porque tu jardín no tiene primavera,
vives plasmada de incertidumbres
e ignoras todas las virtudes
y crees que el amor,
es solo costumbre.

MI FANTASÍA

He construido la felicidad
en mi fantasía,
y con el tiempo
en ella me he escondido,
he recorrido sus lagos y praderas
y en mis sueños
me he bañado junto a ella;
nuestra situación nos alejó
de nuestra tierra,
pero sé que aún nos alumbra
la misma estrella.

Quiero escucharla reír
quiero hacerla muy feliz,
en mis oraciones pido que la distancia
no se burle de mí,
sé que nuestro amor es sagrado
ella vive junto a mí,
ella es mi fantasía
ella es la reina de mi melodía.

SI YO PUDIERA

Si yo pudiera estrechar
mi corazón hacia ti,
para que sientas el palpitar
de este loco que muere por ti

Si yo pudiera estrechar
mis brazos hacia ti
para que sientas el calor
que aún guardo por ti.

Tal vez la distancia se burle de mí
tal vez el tiempo me haga sufrir
pero mi esperanza es más grande
que el miedo y todo su frenesí.

Si yo pudiera expresar
cuan dura es tu ausencia
porque hasta en mi inconsciencia
te amo solo a ti.

ETERNO AMOR

Si por amor y felicidad te fuiste
no te arrepientas de lo que perdiste,
si en algún momento sientes tristeza
o desolación, recuerda que aquí,
aún hay un hombre que te ama con devoción.

Que la distancia y el tiempo
reconstruya tu pasado
y la alegría sea la fuerza en tu nueva vida;
has reconquistado lo que tanto soñaste
que tu lucha no sea en vano,
siempre adelante y olvídate de todo lo malo.

Ojalá aquel hombre te sepa comprender,
ojalá entienda tu querer
y si alguna vez has pecado
no te avergüences; que errar es humano.

Te he visto llorar, te he visto sufrir
y siento que eso ya no es para ti,
sí me olvidas entenderé tu razón
y si me guardas en algún rincón
gracias, mil gracias, te digo
con todo el corazón.

No quiero expresar palabras tristes
no quiero gritar ¿Por qué te fuiste?
entiendo que la vida es una sola
si no buscamos la felicidad ahora
después el dolor ya no se controla.

En el espejo de mi mente
te veo cada mañana sonreír,
te veo cada atardecer ser feliz;
tu valor me enseñó a ser mejor
y tu amor aún está dentro de mi corazón….
Se feliz hoy y siempre eterno amor.

SOLO ELLA

Quisiera inspirarme esta noche
y contarles a las estrellas
mis ansias y deseos,
mis sueños y por qué no,
mis miedos.

En esta noche bella
quiero regalarle a la luna
mi mejor sonrisa
quiero que me diga
donde está ella.

Quiero entregarle al silencio
mi temor
y mediante una oración
quiero decirle a la soledad
que es mi única religión.

Quiero encontrarle un sentido
a mi vida y volver alegrarme
por las cosas buenas de la vida.

Quiero tantas cosas, pero sin ella
mi angustia se expande

y mi dolor es más grande
quiero sanar esta herida
solo ella es mi cura,
mi libertad y mi salida.

CUANDO SE MUERE EL CARIÑO

Cuando se muere el cariño
el corazón…
llora como un niño,
la razón se vuelve contradicción
porque el que ama
se convierte en mendigo.

Es crueldad continuar
engañándose a sí mismo,
no hay lógica, ni religión que lo comprenda
solo desesperación en el sincero
y vacío en el traicionero.

Cuando se muere el cariño
solo queda la costumbre
por lo que se ha vivido,
no lastimes a mi corazón
que no se agrande mi dolor
porque nuestro pasado
tú, lo echaste al olvido.

Cuando se muere el cariño
ni la sonrisa más divina
te cambia el destino;

no llores corazón,
entiende que todo lo diste por amor
apaga tu dolor
que pronto volverá a salir el sol.

MI TRISTEZA

En la soledad de mi tristeza
el dolor invade mi cuerpo
y mi mente se confunde.

En la soledad de mi ser
la desesperación invade mi alma
y ya no conozco la calma.

Esta agonía lenta
me lleva en la balsa del olvido,
aunque mis lágrimas no tengan sentido
añoro lo ya vivido.

Día a día
Se acaban los espacios de mi vida
y solo me queda,
la esperanza y una dulce melodía,
porque este dolor no es por amor
sino por un mal,
que con mi cuerpo quiere terminar.

A pesar de que soy pasajero de la vida
perdóname Señor,
pero sé que aún no es mi partida.

PÉTALOS MARCHITOS

Actualizando la historia
he entendido que las acciones del pobre
no están en la memoria,
la literatura endulza lo insípido
asusta y aleja a la demencia.

Me pregunto,
¿por qué ojos para nosotros?
Si tantas veces los cerramos
para ignorar la tristeza de los demás.

Hemos vivido un buen poco,
aprendido lo suficiente,
pero el corazón continúa siendo pobre,
porque en palabras somos leyenda,
si la bondad en muchos es solo un mito
y nuestra larga vida solo sirve
para demostrarnos, cuán incapaces
todavía somos.

NUNCA AMADO

Te escondiste y desapareciste
me ignoraste,
porque nunca me amaste
en tu ajedrez yo fui un peón más
porque en tu mentalidad nunca existí.

Fui el pasajero
que a tu vida nunca subió,
aunque yo arrastrado
y prendido de tus faldas por ti morí.

Mi mente con tu magia se traumó
y mi ceguera espiritual me confundió
mis ojos brillaban por una falsa ilusión,
porque mis detalles y noches desveladas
a tu corazón nunca llegó.

Solo siempre estuve en la pradera
aunque nuestro entorno
era una fauna entera, tú te sentías volar
porque a este ser nunca lo llegaste a amar.

Adiós encanto de mi llanto
adiós dulce miel de mis labios

te fuiste sin ninguna despedida
y para curar esta herida
debo entender que yo
jamás fui parte de tu vida.

SORBITOS DE TÉ

Esperé por un café
y me trajeron una taza caliente de té,
con el clima disparejo
aquella infusión la bebí a sorbitos
y sin ningún complejo.

Umh... es relajante y encantador
acto para toda ocasión
de verdad no es la maravilla,
pero te relaja si viene
con manzanilla.

Dicen que es bendito
sí es verde y con limoncito,
sí solo quiere disfrutar
de durazno que te darán ganas
de reír y danzar.

Pero siempre a sorbitos
para sentir su gustito,
por eso de noche y de día
té hay que tomar.

ENGÁÑAME

Engáñame que aún me amas
y deja tu locura junto a mi cama,
que tus palabras me sigan transportando
en una isla fantasma,
engáñame antes que llegue la mañana.

Que esta noche mi corazón
llore, ríe, cante,
aunque sea con tu mirada,
porque tus besos destilados
se evaporaron
y tu cuerpo mojado
ya no estará más a mi lado.

Engáñame, aunque sea
con una carcajada
para que mi temor escape
y mi dolor se dilate.

Engáñame esta última noche
deja tu perfume bajo mi almohada
y envuélvete conmigo
hasta mañana.

A MI CENTRO

¡Oh! que hermoso está el día
después de tantos años,
sigues tan hermosa como ayer,
naciste para dar fruto a la patria
y mira cuanto has cosechado.
Muchos por ti hemos pasado,
nos enseñaste a sumar,
aprender hablar y muchas historias
de quienes por la patria lucharon.

Fuiste tan pequeñita
que poco a poco creciste
como una flor en el campo;
pero tu aún sigues vibrando
porque cada año das fruto y encanto.

Si miras a tus costados
veras cuanto tiempo ha pasado,
recuerdo a mis compañeros
y a un profesor que con su regla
hacia temblar a la escuela entera.
He crecido entre tus aulas,
he aprendido lo que tú me has enseñado
"no hay más sabio que el que llora por aprender,

no hay más rico que el que sufre por vivir"
son palabras que salen de tu centro
y siempre los llevo en mi pecho
como símbolo de honor y esfuerzo.

PENSAMIENTO FATAL

Ya no quiero ser como tu
orgulloso y desgraciado
que golpeas sin piedad
el corazón del ser amado.

Ya no quiero inventar
tristezas y maldades
no quiero escapar del amor
y de mis responsabilidades.

Quiero volver a luchar
por mi raza y mis ideales,
quiero abrir el corazón
y a ti mente fría
esconderte en el olvido...
quiero cambiarte de sentido.

LAMENTOS

Tu amor aún está en mi corazón
clavado como una espina,
hiriéndome más cada día
y siento que se acortan mis días.

Pensar que mi pecado
fue amarte sin medida,
fue entregarte el corazón sin mentiras.

Cuánto más seguiré sufriendo,
cuanto más seguiré llorando,
porque en mis sueños sigues siendo mía
pero en el día, puro lamentos y agonía,
y aunque busco una salida
es más fuerte esta melancolía
¡hay! Que tristeza la mía.

ERES TODO PARA MI

Es un piano tu corazón
cuando lo toco se siente
que nace una dulce melodía,
es una pradera tu piel de seda
al tocarlo la vida se vuelve bella,
es un buen argumento tu condición
todo está lleno de amor y pasión.

es un gitano este extraño
pero por ti, su vida cambio,
encendiste el deseo dormido,
tú fuiste la escalera
para salir de aquella hoguera
que confundía a mi corazón.

LA MISERICORDIA

Eres compasión del corazón,
eres la última esperanza para el traidor,
aunque siempre estas al final
no escondes tu nobleza o comunión,
eres el remedio extraño del perdón.

Los nobles inconscientemente se burlaron
y sin ningún remordimiento o vergüenza
a un puñal con tu nombre lo bautizaron,
aun sabiendo que es un don sagrado.

Eres el sentimiento más sublime del mendigo
y sin ser una prenda eres el mejor abrigo,
aun así, los teólogos y el verbo
no entienden tu razón.

Eres un parónimo dentro de la religión,
eres la mariposa y la mejor rosa
en un bendito lienzo pintado con el corazón.

LÁGRIMAS

Las lagrimas...
a veces son como fantasmas
o como las melodías gitanas,
en abundancia o dispersas
son quebradas de melancolías o carcajadas.

Aquellas que no esconden la tristeza,
aquellas que están llenas de infamia,
también las que son linfas de Dianas
e internamente son un lago de plasma.

Aquellas que dibujan un sendero,
que escapan del miedo
aquellas que vienen del alma
esas si son lágrimas que no tienen calma.

A veces dejan las mejillas marcadas
de tantas tristezas encontradas,
de esperanza o de burlas compradas
son lágrimas que cambian la mirada.

A MI HUABAL

Descalzo, he danzado en tus lienzos,
y junto al viento he recorrido tus cimientos,
yo soy una partícula de tu cuerpo,
porque mi infancia se quedó en tu recuerdo.

En tus noches oscuras me he abrigado
en la fortaleza de tu silencio.
me he enamorado de tu alma
y de todo lo que llevas dentro.

Tus campos llenos de arrozales,
maizales, y muchos árboles frutales,
tus quebradas todas contorneadas
de doña María, doña Julia,
doña Cata y hasta de los Amaya
Cómo olvidar tus escalofriantes truenos,
si aún dentro de mí, tu nombre es un ensueño.

Tus hermanos San Simón, San Mateo
Puente Chepén, Puente Guadalupe
todos ellos, llenos de misterios
y escalando hacia el cielo están
La Arenita, Zapotal y Polvorín
cada uno, con una historia sin fin.

En tu plegaria te acompaña Vichayal
y todos juntos te dieron un nombre celestial
¡Huabal! eres mi paraíso terrenal,
¡Huabal!, eres el pueblo más hermoso y angelical.
¡Huabal!, eres mi principio… y mi final.

MIEL DEL CORAZÓN

En silencio aprendí amarte
y mi alma se abrazó con el viento,
porque en mi corazón,
nació un gran sentimiento.

Antes eras una luz más allá de mis sueños,
pero lentamente te seguía con empeño,
porque dentro de mi corazón la semilla
iba brotando, deseando ser tu dueño.

Eres mi azucena en mi plegaria,
eres una sirena en el mar de mis lágrimas
eres maravillosa hasta en mis recuerdos;
hoy eres mi mundo y mi cielo
porque la felicidad me acogió en su reino.

Nuestra fragancia es la eterna elegancia
que inventamos cada día
para perfumar esta alegría
sinfonicamente es una dulce melodía
porque tú eres miel de noche y de día.

No tengo mucho que pedir
y nada que dar
porque si pido algo, es perdón
por no saber amar,
y si no doy, es porque todo te lo di….
mi corazón y mi gran amor,
fue solo para ti.

A UNA AMIGA

Debajo del puente
donde la brisa junto a tu sonrisa
se vuelve trasparente,
el manantial desbordante
acaricia sus cimientos
despejándole de sus lamentos,
más las rocas templadas
junto a las piedras plegadas resplandecen.

La rivera ornada de verde fuerte,
con una ilustre vegetación
endulzan al viento y al presente,
para terminar flores, pájaros y peces;
debajo del puente
la vida es diferente.

Cuando yo me haya ido
mi alma seguirá contigo,
porque hasta en el recuerdo
tú y yo, seguiremos siendo amigos.
Debajo del puente…
nuestra amistad florecerá por siempre.

REFLEXIÓN

Leo la historia y de verdad pido perdón
a Dios, por sufrir de la memoria
porque hemos permitido por cientos de años
que mitómanos, usureros y traidores
gobiernen nuestra tierra.

Mientras más ignoremos más fácil es el trueque
de estas víboras disfrazadas de ángeles
nos dan dádivas y nosotros
les entregamos la gloria.
que sin pena se burlan y regalan nuestra historia.

El lamento masoquista nos convierte en culpables
porque nos escondemos en sábanas blancas
manchadas de sangre,
que desgraciadamente nos hace más cobardes
por seguir permitiendo tanto fraude
en este presente que siempre será ausente
en la memoria de los que llegarán más tarde.

LA RISA

Superficial o fraternal
te envuelve en un pedestal,
el espíritu se abraza con tu emoción
y tu sensación se convierte en religión.

Dicen que es el espejo de la felicidad
es la llave escondida de la libertad,
la risa comienza con una sonrisa,
porque es la melodía angelical
con una caricia o con la forma de actuar.
Creo que la risa empieza en el corazón,
porque los gestos más ambiguos florecen
aunque es efímera, pero embellece.

La risa a carcajadas o pausada,
en silencio o simplemente apuradas,
es la fuente surgente de metáforas encontradas
por dilemas, bromas y acciones desplegadas.

La risa son odas del alma
que en silencio claman
alegrías plasmadas de calma,
alegrías que dibujan ángeles de la nada.

Aunque hay risas burlonas
que están cubiertas de infamia
aquellas no vienen del corazón ni del alma
vienen de la mente vana.

ODALIS

Encanto tierno de un ensueño
primera flor en mi desierto,
fuiste tu quien abrió mi interior
quien explico a mi ser que existía el amor.

Cuando aún la infancia no me abandonaba
tú ya estabas dentro de mi alma
con tu dulce mirada un poco pasmada
encendiste un fuego en mi alborada.

Tu voz era un concierto de emociones,
tu figura límpida y bronceada
angustiaba mis ansias anormales
y mis deseos carnales erupcionaban.

Me envolviste en un manto sagrado
y juntos navegamos mucho tiempo
en el mar inmenso de las delicias
donde solo reina las caricias
y al amor…
el amor lo hace el corazón.

PERDÓN

He pecado nuevamente
y te lo quiero contar
perdóname si te ofendo,
pero es la verdad.

Me enamoré sin razón
y a Dios le pido perdón
encontré un nuevo ser
que me sabe entender.

No hicieron falta las palabras
tan solo las miradas
y no fui yo quien se enamoró,
fue el corazón.

Ahora no siento angustias,
ni celos, ni compasión
solo siento libertad divina
en mi interior.

Perdóname si te ofendo
solo trato de ser honesto
y sin más plegarias
en el amor solo manda el corazón.

PIES DESCALZOS

La juventud está perdida
porque apagamos la luz de su avenida,
algunos buscan una salida
otros sienten que esta podrida.

El ser humano ha perdido la realidad
se inventan nuevos sexos
como algo casual
tanta lujuria y vanidad,
tanta hipocresía y maldad
y la juventud se quedó en la soledad.

Seguimos cayendo a nuestro final
y la tecnología nos condena
en su mentalidad,
ya casi nadie, hace nada
por este mundo cambiar.

OJOS CONFUSOS

Hemos caminado por el mundo,
hemos compartido tantas cosas juntos
nos hemos amado sin cesar,
aunque hemos litigado sin piedad.

Hemos confundido al corazón
y en cada aventura nos llenamos de emoción;
somos como marineros en alta mar
buscando la alegría y la felicidad
somos mendigos del dolor
y a eso le llamamos amor.

Nunca sabemos cuánto hemos ganado
hasta que todo nos han quitado,
nunca sabremos cuanto nos amaron
hasta cuando de este mundo nos vamos.

NUESTRA HISTORIA

Soy tu alma gemela sentí de tus labios decir
esas sublimes palabras hoy son un emblema
en mí
entre caricias inocentes, confusas y persuasivas
me demostrabas cuanto amor hay dentro de ti.
Yo por impresionarte inventaba poesías
tú despojas tu virtud y esa silueta dormida
que a mi alma erguida lo encendías
y entre odas mutuamente este amor crecía.

Tus gestos, tu humildad y sinceridad
encendieron en mí, una ansiedad
por encontrar la paz, la felicidad;
tú, me ayudaste a escapar de la soledad.
Sentir que me tenías escondido
en un rincón de tu corazón herido
y a pesar del tiempo no me sacaste
entendí lo que verdaderamente es amar.

Las horas se dilataban con nuestras historias
y la distancia nos guardaba en su memoria
mas nuestros cuerpos desnudos y fantasmas
nos enseñaba que para nosotros también
hay gloria.

Después de sentir tus inquietudes
de conocer tus ansias y virtudes
mi temor se evaporo en la oscuridad
por todo eso, nunca te dejare de amar.

MI LIBERTAD

Cerré las puertas del amor y del dolor
y mi frialdad conquisto al corazón,
me divorcié de todas las sensaciones
y mi única emoción era mi libertad.

Mis recuerdos se perdieron en la oscuridad,
envolví los miedos con mi ironía
todo sentimiento me parecía anormal
y mi único tesoro era mi realidad.

Vacilé, amé y lloré siendo mortal
y para no volver a tropezar
encerrado en un mundo irreal
glorifiqué al cinismo y a la soledad.

Hoy tú me liberas de esa condena
con tus gestos de amor y bondad
aún yo aferrado a no querer escapar
me enseñaste mi verdadera libertad.

DOLENCIA

Hoy me obligas a convivir contigo
a ignorar el viento y todo lo positivo
has penetrado mi cuerpo sin sentir cariño
y como serpiente aprietas mi mente
como a tu peor enemigo.

Pero mi alma aún abraza a mi corazón
aunque a veces lo siento escapar
yo me aferro al ser divino
y le pido que me ayude en mi lucha contigo.

A veces mi soledad se distorsiona
y las ilusiones me abandonan
a pesar de que cada día te ríes de mi martirio
mi fe y mis fuerzas son más grandes
que tu burla y todo tu delirio.

AMIGA

Quisiera regalarte la luna
entregarte mi alma pura,
viajar junto a ti al infinito
y devolverte todo lo bendito.

Eres el encanto más puro y sagrado
un ángel que siempre estuvo a mi lado,
eres el tesoro que no encontrare
en ningún otro lado.

Tu bondad expandida es un blasón
tu sonrisa sincera una inspiración,
eres lo sublime del corazón,
eres la más grande misericordia de Dios.

Mas yo verdaderamente no sé quién soy,
hoy despreciando todo esto de ti me voy
por una nueva extraña aventura
o tal vez porque así lo quiere mi corazón.
Perdóname aun no sé, qué es el amor.

MI POEMA

Desde tiempos inauditos
cuando jehová estableció
como símbolo de paz eterna
antes y después que Jesús llego
el mal aquí se expandió.
Mi poema trato de remediar
mas al humano no le importo,
el foráneo erro,
porque no conocía la realidad
y el mundo fracaso.

El día que yo nací ya había sido recitado
quien fue, el burgués, un pobre,
un cristiano no lo sé;
muchos lo rechazaron creyendo se inmortales.

Mi abuelo, cuando niño lo enseñaron
mas no sé, si a su corazón esos versos
lo enamoraron,
somos pocos, pero somos,
los que luchamos cada día
para extender nuestro poema.
A mi madre le encanto, mi padre indeciso quedo
el ateo protesto y mi amigo me pregunto:

¿Cuál es tu poema? Es siempre decir la verdad;
cuanto más el hombre a mi poema rechazara
sí es tan lindo y celestial que nuestro Dios
nos regaló para hallar felicidad.

NIÑA

¡No! esto no puede ser,
si mi juventud ya se fue
sin mirar el tiempo
que hay entre tú y yo,
te enamore
eres lucero de mis días,
fantasía de mi vida
sí apenas eres una rosa
que empiezas a florecer,
yo estoy muy lejos de tu camino
y de tus días.

sin mirar las cosas divinas
que aun te podían suceder, te ilusione
en tu angelical inocencia sonreías
y yo perdido te sentía mía,
tus labios tan hermosos pedían
amarte sin mentira.

Me enamore, me enamore de ti mi niña
¡No! no debió suceder
aún eres una niña y no sé qué hacer
pero yo de ti ya me enamoré
¡oh mi dios! no debió suceder.

MÁS ALLÁ DEL CIELO

Las batallas se pierden o se ganan,
el corazón se atormenta
y muchas veces se engaña,
la sintonía en el alma
se hace más lenta
cuando se pierde hasta la mirada.

El recuerdo se vuelve eterno,
porque el amor no correspondido
hiere por fuera, hiere por dentro,
hiere cuándo es noble el sentimiento.

Al otro lado la ironía es como la gitana
que te quiere contar un cuento
aprovechándose de tus sentimientos
y sus palabras se las lleva el viento
porque su versión no tiene argumento

Aun así, el amor quiere escucharlo
una y otra vez,
aun así, quiere volver a creer
y no por costumbre
sino porque siente que esa sensación
un día lo llevo a la cumbre,

no quiere descender,
quiere morir ahí…
ahí, hasta que Dios lo alumbre.

INOLVIDABLE ILUSIÓN

Tal vez fue tu mirada o mi forma de ser,
tal vez fueron nuestras cortas palabras
o tu encanto de mujer.

Entre carpetas y sonrisas
tu ilusión comenzó a florecer,
en tu libro sagrado mi nombre
era tu encanto de miel.

En tu memoria aquel recuerdo
fue tu tesoro más preciado
y tu esperanza fue aquella fragancia
que Dios ha perfumado
porque a pesar de que el amor
te hizo la despedida
y tu mente se volvió frágil y fría
tu corazón nunca olvido esa elegante melodía,
porque danzaste en penurias
y escondida glorificaste lo sagrado
lo que aún no era inventado;
a pesar de que por mucho tiempo
no te han valorado
tu aliento y entusiasmo fue más grande
que todos los vaivenes de la vida.

Hoy me endulzas con tu encanto,
con tu alma desnuda,
hoy los vientos nos glorifican
y el supremo con sus bendiciones nos bautiza
para que este sentimiento
sea hasta nuestros últimos días.

TE AMO

Aunque al amor lo ocultes
dentro de tu alma
y tus palabras sean llenas de plasma
tus angelicales ojos brillan
como el deseo lleno de esperanza.

Aunque digas que esto es pasajero
yo veo tus tiernos labios
que aún están llenos de fuego;
por favor no te escondas en tu miedo.

No cierres las puertas al sentimiento
deja que ilumine tu sendero,
mi corazón por ti esta sediento
porque este amor no es un misterio.

Te amo con ideas o sin ellas
te amo flor de mi primavera
permiteme junto a ti escalar
cada peldaño de nuestra era.

MI SUEÑO

Hoy como ayer, te volví a soñar
y al despertar mi corazón te vuelve amar,
mi algarabía encendida tiene un motivo
eres tú, la protagonista de mi felicidad.

Has dejado tu perfume en mi alcoba
y tu sonrisa lo grabe en mi memoria,
has dado censo a mi historia
regalándome tu amor y la gloria.

Eres mi sosiego, porque mi amor es
sin tiempo, ni miedos
eres tú mi esperanza de mis alabanzas
eres el más sublime deseo.

Entre los dos no existe laberintos, ni muros,
no hay espacio para lo impuro,
nada es frío, ni inseguro,
porque hasta en sueños
nuestro amor perdura en el futuro.

AMOR CELESTIAL

la soledad abandono mi mentalidad
y en su despedida replicaba con ironía
que un día regresaría,
más mi entorno se cubre
con tulipanes de esperanza
y solo se escucha una alabanza
porque dentro de mi corazón
tu amor enciende una ilusión.

Aunque el miedo me hace prisionero,
el tiempo sigue pasando
y yo te sigo amando
porque este cariño es celestial
sin periodo de vida, sin límites, ni medidas
es puro transparente y sin heridas,

te amo cuando estas acá,
te amo cuando esta allá
y te amare cuando no te vea más.

ETERNA PRIMAVERA

En silencio le grito al viento
y en medio de mis emociones
reconozco que no soy perfecto;
que no puedo estar sin ti
porque te amo sin miedo.

Este cariño tiene sus cimientos
más fuerte que mi propio ego,
y más profundos que mis versos.

Este cariño es infinito y más inmenso
que cualquier historia o tiempo,
porque tu amor será eterno en mí,
será mi primavera en verano
y hasta en un invierno gris.

MI SUEÑO ERES TU

Nuevamente he soñado contigo
recorriendo lo vivido,
tu sonrisa imantada
iluminaba nuestra estrada
llena de flora y fauna,
corríamos sin saber a donde
pero a nuestra felicidad
el corazón le puso un nombre.

Cada noche solo se amarte
porque tú, la vida me glorificaste
cada día, solo se valorarte
porque tu alma pura me entregaste

No sé, cuántas veces más
en mis sueños serás mi musa,
la que endulce mis caricias
y con tu cálida ternura
te envuelvas en mi locura.

MI NIÑA

El viento sigue pasando
y tu sonrisa a mi corazón sigue endulzando,
tus gestos me envuelven en mil deseos
y grito tu nombre cuando no te veo.

Mi corazón es un querubín
cuando en mis brazos te tengo
mis plegarias vuelan en el tiempo
para contar que soy el que más te quiero.

Tú eres un canto angelical
que me envuelves en un baile nupcial
eres la historia sin final
porque cada día te amo mucho más.

¡Oh! preciosa bebé
eres mi manantial de emociones,
eres mi esperanza a mis ambiciones
eres una luz llena de bendiciones.

OTRO DÍA MÁS

Los prados acarician el alba
y su perfume destila pasiones,
el manantial vuelve a emocionarse
porque la mañana vuelve a despertar.

Vuelve la gente a ilusionarse
y la fatiga a danzar,
victoriosos, pesimistas nuevamente de pie
aunque los tambores de guerra
resuenen otra vez.

El estrés popular busca su libertad,
caminan, corren sin saber a donde
y el sol, vuelve al mundo engañar;
así nuestra condena, eterna siempre será.

Las fábricas y la tecnología
nos llenan de tempestad,
digo elegantemente estas palabras
por no ser grosero o mezquino
pero la mierda aún tiene sentido
mas lo que algunos producen
es verdaderamente fatal.

HOY

Yo no me escondo
cuando me enamoro,
yo no me corro
cuando las cosas ignoro,
tengo mil defectos y de ellos aprendo,
tengo sueños y mucho empeño
tengo cicatrices llenas de raíces,
aunque mis ideas no tengan claridad
Hoy mi corazón busca su libertad

Aprendí que no debo esperar
a que la vida, me haga la despedida
o que, a mis pasos
no le acompañen la razón,
porque para entonces mis plegarias
ya no tendrían emoción
y de nada me serviría el perdón;
sí quiero cambiar, es hoy y no otro día.

ADIÓS

Hoy la belleza se viste de negro
porque un alma pura se desvanece
se va una ilustración celestial
se va un amigo que ya no estará más.

Es difícil comprender esta ironía
cuando te vas sin curar heridas,
es desgraciada cuando corta alas
a los seres que están llenos de vida.

Una oración a la desesperación
desciende tu misericordia señor
a sus familiares dales resignación
y a su alma entrégale el perdón.
Amén.

UN SECRETO

¿De qué color es tu felicidad?
nunca le digas a nadie
porque buscarán borrarla

¿De qué sabor es tu felicidad?
tenlo en secreto
porque muchos querrán probarla.

Cada día aprendo que no todos
los humanos, son humanos,
que muchos nacen disfrazados
porque detrás de aquellas caretas
solo hay cizaña, solo hay mentira
que con brutal ironía
hacen tanto daño a la vida.

Sí una mentira puede más que la verdad,
apiádate de mi señor y dime
qué más tengo que soportar.

GRACIAS SEÑOR

A pesar de que mis días venideros
son inseguros,
y mi apariencia es una bipolar careta
de un mundo perdido.
porque se vuelven a juntar los miedos.
¡No murieron!
simplemente estaban dormidos.

Aunque siempre ignoro lo pervertido
y me sigo abrigando con los últimos recuerdos
de un amor desconocido,
pido perdón a Dios
por tanto, haber prometido,
infinita sea su gracia, porque sigo de pie…
sigo vivo.

RESISTENCIA

"Yo creo que nos pusieron la cruz
o la vida nos apagó su luz"

Porque caminamos descalzos
sin sombras ni espasmos
las medias tintas son del pasado
pero de un momento a otro
cada día nuestros cuerpos se van separando.

A pesar que aún hay tanto cariño
y nuestra sonrisas son como la de los niños
la luna y el sol nos apagaron su esplendor
y la envidia como lluvia golpea al corazón...
ante ello vacilantes nos encontramos.

Será que llegamos al ultimo paradero
o es una prueba para ver nuestra fuerza
a los obstáculos y a nuestros miedos
¡Resistencia! hoy es una tarea
en nuestras mentes para no caer
en una oscura y nefasta odisea.

Por todo lo que hemos entregado
debemos eludir estos vacíos
y continuar a fluir como un río
a procrear más cariño y gozar

con cada gesto tuyo o mio

Ahora depende de la actitud
que procreemos a cada instante,
depende del sentimiento
para que esto siga adelante
y dependerá de nuestros cuerpos
si aún quieren seguir siendo amantes.

AMOR GITANO

Mientras tus lágrimas dejaban
secuelas en mi pañuelo mojado
el canto del silencio nocturno
se esforzaba por ofrecerte
su sintonía y su encanto.

Aquel momento era trágico
parecía un oasis solitario
sin flora, ni fauna
porque a tu llanto el viento
lo llevaba más allá del océano.

Yo pasmado ante la tristeza
que dibuja tu semblante
intentaba concentrarme y replicaba
"por qué el amor a veces es gitano"

Aún tomados de las manos
el calor corporal se hacía extraño,
nos mirábamos queriendo besarnos;
pero entendíamos que lo nuestro
¡era una ruleta que nos hacía daño!
porque ni el abecedario
comprendía nuestro vocabulario.

¡Era la última noche!
e intentamos abrazarnos
pero el dolor golpeaba a tu corazón
y a nuestros brazos,
aunque el tiempo parecía dormido
los minutos en el reloj de la iglesia
decía lo contrario.

Ya no había más palabras
y nuestras tristes miradas
se iban apagando
como si la muerte espiritual
era el siguiente paso.
Tú no me perdonaste
yo no accedí a continuar rogando
¡y el amor! decidió seguir vagando.

ALTRUISMO

Mis amigos me dicen bondad
los que me ignoran afirman
que solo actuó por vanagloriar.

Yo me llamo altruismo
miro el corazón del prójimo
como a mi mismo
combato contra la necesidad
y mi ansiedad es que nadie sufra más.

No conozco los dilemas
porque cada buena acción
lo hago sin vacilar
no llevo logos ni emblemas
solo actuó por instinto
es un don que me libera del mal.

Soy un soñador, un errante
soy un rico, un pobre
y un dinámico en todo lugar...

Mi fortaleza es la vitalidad
y en mis palabras solo traigo paz.
No soy copia, yo soy original
no busco medallas, ni la gloria
solo intento eliminar el hambre

la discordia y la pobreza mental;
todos merecemos una oportunidad.

Basta de mezquindades y de racismos
basta de cizañas y explotación humana...
Yo soy altruismo y no conozco al egoísmo
soy filántropo porque me quiero tanto
¡Señores!, ¡este mundo! es un encanto.
Yo soy altruismo...

VICTORIA

Yo soy el romántico de una noche
perdida en una taberna desconocida
soy la esencia que se esfuma en el horizonte
como un sueño no cristalizado,
o como la noche más larga
donde los ojos no encuentran descanso
porque te inventas versos
pero al alba ninguno te entusiasma.

Soy el fantasma de mi sombra.
y en mis penumbras soy historia,
soy la dicha, la paz y la euforia
de quien me ve como una gloria,
más allá si es buena o mala mi memoria
soy ángel para los que me adoran
y demonio para los que me ignoran.

Soy así lleno de defectos,
virtudes, ambiciones, y tradiciones,
en mi alma llevo huellas marcadas
de quien conmigo siempre tuvo calma
y a mis espaldas, sombras
de aquellos que jamás me alcanzan
... Yo soy victoria
porque hasta en mis derrotas
he visto a la gloria.

INESTABILIDAD

En medio del bullismo
del fanatismo y del ámbito social
mis palabras pierden credibilidad,
mis ideas se amotinan, gritando libertad
¡Todas quieren escapar!

La soberbia me dice que este
no es mi lugar,
la inteligencia me pide
mucha fuerza y voluntad,
la ignorancia se enfada
¡eh ahí! mi mente cambia
y mi egoísmo con mi rabia
se entrelazan
para odiar a la verdad.

Mientras la vanidad me ciega
mortificado vivo por mi inestabilidad.
A veces antes que llegue el alba
mi sonrisa e intuición escapan
porque el día está lleno de oscuridad
y para no tropezar...
mi actitud prefiere no despertar.

Tal vez el nepotismo ocupa mi mentalidad
dando importancia a todo lo que

me hace mal.
o tal vez me estoy ahogando
en un vaso de agua
y estoy denunciando sin causa,

pero aún así, creo que la soledad,
es mejor que estar dentro de esta sociedad
porque me roban los espacios
y no veo donde, ¡Donde!
está mi oportunidad.

MIGAJAS

Las secuelas de un aforismo errado
hacen tropezar al ser humano
mientras la caída no tiene fin
los culpables esconden la mano.

Sus generaciones parecen predestinadas
a abrigarse en la tristeza e ignorancia
la cual cabalga dentro de sus ideas
que son carentes de optimismo
porque sus necesidades prorratean
desde los inicios de la infancia

Entrelazan al lamento con la rebeldía
en una escusa sin teoría
culpan al sistema de sus desgracias,
a la distancia social lo llaman discriminación
y enjaulados en una pobreza mental
viven en penurias donde aborrecen
lo que constantemente reclaman...
"Migajas"

A pesar que sus fuerzas son celestiales
sus creencias son ancestrales
y sus dogmas son estandartes
la vanidad les convierte en esclavos
de una monotonía sin clase.

Yo también soy parte de una legión
que no basta, que no alcanza...
porque mientras siga siendo pobre
nuestra idiosincrasia
la revolución siempre será fantasma.

Es verdad que adoramos a la esperanza,
y que para olvidarnos del miedo
nos llenamos de alabanzas,
podemos cruzar desiertos y mares
pero a los sueños no los alcanzamos
porque nuestra intención es cobarde
ante ello descalzos siempre estamos.

Perdemos fuerzas ante las adversidades,
porque el temor nos convierte en reos
de una demencia constante
a pesar que nuestro don es una herencia
que habita en nuestro intimo
seguimos siendo desdichados...
Algunos parecemos marionetas
porque simplemente vacilamos.

A VECES

Entre el bien y el mal
vivo con una libertad condicional
no por culpa de la sociedad
simplemente por mi mentalidad.

A veces soy rustico con mis ideas,
tosco con mis expresiones
a veces soy hipócrita con mis temores
y mendigo de mis pasiones.

A veces el infinito lo veo a dos pasos
y a mis sueños de vez en cuando los abrazo
a veces soy más fuerte que una roca
o tan frágil como una marioneta.

Mi corazón aún suspira
y mi sonrisa se pinta de alegorías
cada mañana que la luz me ilumina
y el aire con su frescura me perfuma.

A veces soy un iluminado en la oscuridad
un predilecto de mi necesidad
a veces quiero escapar
no sé a dónde, pero quiero escapar.

Es la vida que aún por mí apuesta
y a pesar que el tiempo se desespera
entre dilemas y lerdos entusiasmos
yo continuo desafiando a la ciencia.

INDÍGENA

El canto de mi quena
expresa todos mis dilemas
y en mis mudas palabras
describo el sentimiento a mi tierra.

En mi alborada la frescura del alba
alimenta a mis pasos cada mañana
y en mi corazón los espacios sobran
para el amor, la religión y la calma.

Cándido es mi pueblo,
como las notas de mi guitarra
y mis raíces traspasan las montañas
para saciar ansias lejanas.

No ambiciono el poder ni la fortuna
porque tal vez mi voz no sea sabia
pero tengo el corazón dentro del alma
por si la vida me cambie la mirada.

No tengo perjuicios ni maleficios
traigo conmigo paz desde las entrañas
soy tan humano como vos
amo a mi gente, amo a mi raza.

Nativo, autóctono o indígena
llámame como se te da la gana
mas no encadenes mis pasos
ni clausures mi estrada.

Tú no eres Dios, yo no soy el diablo
somos iguales ante el creador
y si alguien me debe juzgar deja que sea el señor
porque tal vez... Yo sea más cristiano.

LOLA

Te conté mis penas
y llorando te confesé un secreto
mientras mis lágrimas caían
y formaban un terciopelo
Tú sigilosamente me mirabas en silencio.

A veces mi sonrisa era fingida
porque por dentro había una gran herida
tú no eras la cura pero se que entendías
mi enfermedad, mi angustia y mi locura
que fracturaba a mis frágiles días.

Juntos corrimos más allá del cielo
y en el lodo dejamos nuestros sellos,
fragmentando muchos deseos
te jure que escaparía del miedo
y esa promesa aún lo sostengo.

Tú, toda coqueta y yo un caballero
cruzábamos las ceñidas calles
con elegancia y mucho respeto
tú con tus ladridos y yo con silbidos
queriendo conquistar lo hermoso y bello.

Tú fuiste un amuleto en el período
negro de mi vida

una compañera, un consuelo
un tesoro, una luz y una salida.
y aunque por más irónico que sea la vida
Tú no fuiste una mascota, fuiste mi fiel amiga.

CONFUNDIDO

Contigo soy un soldado
con ella fui un general
y aun así por amor
a tu lado me he quedado
porque ya no quiero
a nadie más lastimar.

Pasa el tiempo y mis días
ya no tienen voz valor ni paz
porque voy descubriendo tu ironía
tu egoísmo y tu falsedad.
mas no eres tú la culpable
soy yo que no descubrí la verdad.

No estoy arrepentido
tal vez triste y decepcionado,
sé que no voy a regresar atrás
vacilare con mis pensamientos
y escapare cuando sea el momento
pero no llorare, ni me ahogare en la soledad.

Contigo hice la guerra
con ella todo fue en paz
y por cosas absurdas de la vida
te elejí a ti sin meditar...
Al final he golpeado a mi corazón
por no saber dónde está mi felicidad.

PERDÓN

Porqué nos cuesta tanto ser honestos
porqué no nos esforzamos por ser diversos
atrapados en una rutina llena de monsergas
disipamos nuestra habitudes en indolencias.

Hoy las palabras esconden dagas,
que cortan al entusiasmo y a las promesas
son toscas, inconscientes y malversas
golpean el alma... sin ser piedras,
son frías como la mirada de quien no ama
y la ironía dejó de ser fantasma.

Es difícil entender a una persona
pero cuando se ama se debe creer en ella
debemos mirarla siempre con el mismo
entusiasmo
ver su fortaleza,su nobleza, su debilidad
su rebeldía aunque su tristeza
y continuar a enamorarnos de ella.

Si en el camino nos arrojan letame
y la cizaña nos quiere hacer fraude
o nos intenta atraparnos
con inicuas mentiras...
recordemos que las adversidades
están llenas de barbaries

No debemos perder esa fuerza mental
que nuestro apoyo sea incondicional
que sienta que estamos juntos
en las malas y en las buenas
y si erramos tengamos voluntad
para pedir perdón... Perdón!
porque somos humanos y también erramos...

No debemos litigar con la razón
que el orgullo no invente otro ser
porque el miedo es peor que la traición.

El amor debe ser primero
debemos mirarlo con el mismo entusiasmo
e ilusión del primer día
debemos darle valor a quien
un día... Un día nos iluminó el corazón.

MI INSPIRACIÓN

Ya voy envejeciendo
y mis pasos se van cansando
los amigos de mi se van olvidando
pero tu recuerdo me sigue iluminando.

Parece mentira, tú ya no estas
pero no tengo días de soledad
porque en mi pensamiento
y en mi corazón siempre vivirás.

Será porque te ame con verdad
y mi vida contigo fue llena de paz
o será porque me enseñaste a luchar
y a no rendirme jamás.

Tal vez en el más allá
haya un puesto para los dos
o nuestras cenizas fermenten una flor
para ser amada por el viento y el sol.

Mientras las historias tienen menos valor
y los poemas pierden entonación,
mis versos están llenos de color
porque tú sigues siendo mi gran inspiración.

SOLO UN PASAJERO

Llora el tiempo y el silencio
cuando tus actos no son suficientes
para endulzar el corazón
del que se quiere,
el entusiasmo queda colgado
en el armario de los ausentes
porque tus desesperantes intentos
no tienen eco, perecen ser ciegos
en quien al amor no lo siente.

Solo eres un pasajero
y aunque te vistas
con sotana o terno
solo eres un pasajero en la vida...
de quien no valora tu credo.

Tus miedos pasan a ser
crónicas constantes y deprimentes,
mentalmente te preguntas el ¿por qué?
sin poder responderte.

Entonces te ahogas en plasmas
que dilatan dentro de tus emociones
porque aunque te confundas
entre tanta gente
tu mundo es solitario, oscuro e indiferente

y en tu agonía tu estrella fugaz
en ves de brillar solo te hace llorar...
solo te hace llorar.

SE VA UN POETA

Se va un poeta y junto a él
en el horizonte se esfuma
su imagen junto a su fortaleza
pero sus versos quedan plasmados
en poesías dentro de una maqueta.
Se va un poeta pero en su camino
va dejando su alma y toda su riqueza,
sus prosas quedan colgadas en el tiempo
nutridas con vitaminas de esperanza
para cuando el momento necesite consuelo.

Aunque sea verano o invierno
sus epítetos parecen bajados del cielo
porque tienen luz en la oscuridad
y regocijo en la austeridad
¡Silencio! por última vez los aplausos
para aquel espartano que con su don
enamoró al entusiasmo
y conquistó al mundo con su salmo.

Se van los poetas,
mañana también me iré yo
por eso intento escribir mi nombre
en el presente de las generaciones,
humildemente con versos que tengan sed,
Sustantivo, verbo y pronombre...

SETIEMBRE

Dos historias paralelas
dos tiempos en acuarelas
porque en tu mes he gozado
con la lozanía de las flores
y he visto marchitarse
al néctar que procrea multicolores.

En una primavera infinita
como mi primera ilusión
cuando el corazón aún no entiende
que cosa es el amor,
donde las aves se multiplican
y los vientos crean una canción.

¡Ahí! eres la estación de los odiseos,
eres el frenesí de la juventud...
Tú me enseñaste que cosa es actitud.

Setiembre de las hojas marchitas,
de las rimas y los adverbios,
de la prosa bendita,
donde el sol pierde su esplendor
y el calor deja de ser un fulgor
porque llega la perplejidad a las montañas
y entre los dilemas de una plegaria
el otoño poco a poco enfría a mi alma.

Setiembre culto o injusto
soñador y trajinador
Aventurero y soldado
en dos estaciones adversas
estuve a tu lado
en dos continentes que tal vez
tanto se han amado.

Siempre serás setiembre
aquí o allá de ti me he enamorado
porque aunque apagaste mi encanto...
has encendido mi don y mi entusiasmo.

LA PAUSA

A veces te necesito
para relajarme o sentir que existo,
para actualizar mis ideas
o simplemente para escapar
de esta extraña odisea.
que sin ti ya es muy fea.

Aunque me lleves al olvido,
a veces por error
dentro de la confusión social
te he buscado
sin darme cuenta que tú
estás siempre a mi lado.

De ti me he lamentado
cuando ningún provecho he obtenido,
aunque eres un derecho de todo ser humano
el trajín nos roba ese espacio.
y el pretexto brinda con sus aplausos.

La vida cotidiana es descontinua sin ti,
es perpleja cuando solo sirves para herir,
es productiva cuando el altruismo
nace dentro de ti
es solitaria cuando las súplicas
no encuentran palabras

y la insidia se hace más larga.

Aún así eres necesaria
en el sensato, en el inicuo
y en el pobre que se cree rico,
eres arbitraria cuando no se ama,
eres romántica cuando naces del alma
eres especial dentro de una flama.

INVASORES

Letrinas esparcidas por el mundo
manchadas de letame
dejaron unos viles desdichados
porque sus actos no fueron
de un ser humano,
intentando ser ricos y potentes
abusaron de almas inocentes,
destruyeron sus culturas, su credo
y se apoderaron de sus bienes.

Hoy la historia no es diversa
sigue siendo perpleja
porque la pobreza aún es ingenua
y culpan a la ignorancia de cosas ajenas.
Prorratea el escepticismo en las parroquianos
y los cimientos del bien pierden escaños;
la amistad escondida sigue llorando.

La humanidad aún procrea cristianos
la ciencia nos idiotiza como
si fuéramos sus adversarios
y el sistema nos esclaviza
por unos cuantos centavos.

El tiempo en muchos no ha cambiado
viven aún en el pasado

donde solo heredaron el odio
y el rencor que tanto hace daño...
Tal vez suene extraño
pero parece que todos somos gitanos.

SIN DESTINO

Desde niño tuve un gran sueño
recorrer este hermoso hemisferio
surcar sus montes y todas sus hileras
para conocer a plenitud su belleza
y entender de cada pueblo sus dilemas.

El tiempo se enamoro de mis ideas
mas la pobreza me condenó en su yedra
o será que la fortuna aún no me llega
porque solo he recorrido mi pueblo
a pie y en bicicleta.

Impulsado por el viento mental
he viajado solo en sueños por esta esfera
pero mi esperanza sigue latente
y mis años son frescos e inocentes
tal vez un día cruce la frontera.

No busco un destino, solo un infinito camino
donde las aventuras sean testigos
de la fortaleza de este humilde peregrino
y si un noble amor me sonríe
iré con ella hasta donde Dios nos guíe.

OTRA VEZ

Esta mañana
Siento al corazón que fatiga
por un recuerdo que me fulmina
otra vez los espasmos en mi ser
aquellos que no quieren entender
que esa historia murió ayer.

Ell alba es lúgubre como mi querer.,
sin oraciones mi prosa no tiene presente
y todo lo negativo es adyacente
según mi estado de ser...

Mis ambiciones murieron ayer
es radical el momento conmigo
no escucha ni me tiene cariño
no fluye las horas, yo sigo dentro
siendo mi propio enemigo.

Otra vez...
su recuerdo destruye mis sueños
y a mi aurora no lo veo ni en mi memoria
sera que tanto la ame o no se perder.

TU CALVARIO

Aún continuas perdida
en el bosque de las tormentas
donde el cielo es oscuro
y solo se escucha llorar a la tristeza.

Te llamo desesperado
te pido que tomes mi mano
que una luz nos esta esperando;
mas tú sigues en tu letargo.

Sigues escondida y deprimida
por un pasado que te hizo tanto daño
y por más que mis palabras sean dulces
el eco de mi voz no se siente en tu calvario.

Mira el llano y no tu decadencia
porque tu cuerpo pierde fuerzas,
tu corazón llora en tu inconsciencia;
pero tu alma aún por ti se desespera.

No sigas maldiciendo al recuerdo
ni pidas una esperanza, un consuelo
esa historia ha terminado
!entiende! el amor a veces es gitano.

No aflijas a tu vida con días de espasmos
basta de lamentare y borra ese llanto
deja marchar lo que te lastima
y sal pronto... aún te quedan pasos.

Porque el amor no es feo ni bonito,
es divino y siempre estará contigo
aunque tú lo ignores...
jamás se irá de tu lado.

DESDICHADOS

Dicen que del amor
al odio hay un solo paso
mas yo digo que son genes
que nacen ciegos y mientras duermen
viven como hermanos.

Porque familias enteras se desintegran
cuando despiertan esos desdichados
y por una misera herencia discuten,
pelean y se maldicen como desafortunados

Los arrogantes y los miserables,
se creen perfectos a pesar de que
sus vidas están llenas de defectos
desprecian a sus semejantes...
para ellos el resto son anormales.

Relaciones que nacen y mueren a diario,
por culpa del miedo o la mentira,
amores prometidos se llenan de ira
dejando al sentimiento abandonado
y las maldiciones vienen de uno y otro lado.

Ahora el altruismo es un refugiado
en un convento de sílabas mudas
donde aún las almas predican

por un mañana sin heridas
sin rencores, ni avaricias.

Los idólatras siguen siendo necios
los traidores siempre tienen un precio
los malvados pagan por eso
y sin escrúpulos arruinan al verso
esta sociedad ha perdido el senso.

La esencia del saber
antes se hacía querer
hoy la juventud no quiere aprender
todo lo encuentran por internet
y el sexo... cuesta menos de un café.

SINGULAR OPINIÓN

Estando lejos a veces la debilidad
confunde a nuestras plegarias,
se ve pesante la distancia
y se hace más lenta la marcha.

Para no convertirnos en marionetas
la procesión interna
se debe disfrazar en ironía
y así poder avanzar cada día
porque si flagelamos seremos
presas de nuestras tristes pesadillas.

Nuestro extraño y singular llanto
nos hace mendigos de recuerdos
pasados o nos angustia
por no estar al lado del ser amado.

La distancia nos condena
como si fuéramos pasajeros varados,
como si fuéramos del tiempo sus esclavos
porque seguimos esperando al momento
para volver a alegrar nuestros corazones
y hacer danzar nuestras emociones.

El sacrificio es un don preciado
donde los obstáculos beben ser un presagio

que a nuestros sueños sí podemos alcanzarlos
porque somos humanos,
erramos, amamos, reímos y lloramos
pero nuestro objetivo final siempre debe ser
sagrado.

ÉRAMOS AMANTES

Con los sueños divididos
y la gloria embalsamada en el olvido,
el paréntesis mental pierde sentido
porque su amor me ha herido
y por más que trato de recuperarla
este sentimiento yo lo he perdido

Un mundo dentro del mundo
habíamos creado con nuestro idilio
donde las sonrisas eran lirios
y nuestros actos luces, aire
viento, aprendizaje y sendero
que nos guiaban a nuestro destino.

No había tiempo para la tristeza
ni espacio para los dilemas
nuestros cuerpos se compenetraban
estando lejos y estando cerca;
nuestro amor era un emblema.

Como mariposas en escala su amor
penetraba en mi corazón
cada vez que a su lado yo estaba;
era el rocío de cada mañana
la luz de mi esperanza
¡Hay Dios! cuanto la amaba.

La música seguía nuestras ideas
y el futuro era nuestra alborada
eran tiempos donde el amor
nos alimentaba con su nobleza,
éramos gitanos, ambulantes, errantes
éramos amantes llenos de fortaleza.

Hoy la confusión me congela
se rompen mis esquemas
y en el letargo de mi fragilidad
me golpeó una y otra vez más
al escuchar la canción
que de ella me hizo enamorar.

DESILUSIÓN

Mientras el silencio se vuelve infinito
la noche me envuelve en su letargo
y a pesar que las sirenas pasan
a cada momento sonando,
mi corazón quiere pegar un grito,
un grito que sigue atragantado
entre mi garganta y mis labios,
porque tal vez las sílabas
no encuentran la palabra correcta
o es el temor que a mí me afecta
al no estar tú... a mi lado.

Mi cama se sigue enfriando
y ya perezco un condenado
a la soledad, a la tristeza y al dolor
donde la mente no entiende
que cosa es desilusión
solo el corazón llora, llora
al no saber cual es la razón
ya que entregue hasta mi alma
tan solo por amor, por amor.

GUITARRA

Hoy me visto de blue
para olvidar a la oscuridad
que aún azota toda latitud,
hoy quiero escuchar tu melodía
para aclarar mis ideas
que siguen escondidas
por temor a que sean heridas.

Hoy levanto mi bandera blanca
para agradecer a la esperanza
que aún escucha mi alabanza
y al compás de tu sonada
quiero gritarle al mundo
que mis manchas solo son nueces
que cubren a mi alma.

Hoy mi sonrisa es un arcoíris
porque en el horizonte he visto
aquella luz que curó mis dolores,
aquella silueta que cambio
de nombre a mis emociones,
me hizo danzar sin contemplaciones
y el corazón se volvió hombre.

A ti bella dama van estas palmas,
por tus sonidos naturales,

la simplicidad de tu escala
y tus acordes medievales
que emanan notas nupciales
para enamorar a las estaciones,
y a todas las generaciones.

Hoy quiero sonar aquel instrumento
que me ilusiono cuando era un niño
cuando sentía sonreír al viento,
cantar al miedo y correr al olvido
porque borro mis tímidos lamentos
y sin expandir más este verso
Gracias por tu amor y tu talento.

MARÍA

Versículos descalzos
recorrieron la tierra
con incisos bíblicos
mostrando a Dios
y toda su grandeza.

A María, su madre
que gracias al Espíritu Santo
engendró al guía de esta tierra,
llegó para lavar nuestros pecados
y librarnos de tanta tristeza.

¡Oh, virgen María!
Tú que has convivido con Jesús
tú que conociste su alegría
su dolor y su inquietud
bendita seas madre mía.

A ti María, pura
como una dulce melodía
mi alma te alaba con algarabía
¡María! eres madre de Dios
y de todos los que amamos a vos.

TU COMUNIÓN

Cuando crees que la esperanza
es tu única salvación,
y tus fuerzas pierden valor
entonces no has entrado aún
contigo mismo en comunión.

La virtud de la vida es la paciencia
donde el alma con el corazón
se enlazan para rechazar a la ignorancia,
donde la ira, las tormentas y el llanto
no pueden penetrar... no tienen espacio.

Tú eres el primero y el último
que dirige los destinos de tu existir,
porque si con fuego juegas
la candela o la ceniza
tarde o temprano te hará trizas.

No todas las aventuras son gloriosas,
no todas las primaveras traen rosas,
porque hasta el sol es débil en invierno
y solo tal vez... el universo sea eterno.

HATARIY

Busca siempre el sosiego espiritual
enlaza tus sentidos y ama tu libertad.

Se ave... vuela con tu imaginación
y a tus sueños dale más amor;
la mejor estación es tu personalidad

Lanza tus temores al viento
mira a tus pies hay un firmamento
sediento por verte correr
glorioso por verte crecer...
disfruta que hoy es tu momento.

No le cuentes a la cobardía tu deseo
ni perfumes tu alma con el miedo,
en silencio y sin complejos
construye la fortaleza de tus sueños;
que tus caídas sean tu mejor aliento.

Los que te quieren bienvenidos sean,
los que te odian déjalos en su odisea
y a las indiferencias no los veas,
haz que el mundo en ti crea
por tus acciones y no por tu soberbia.

Hoy aprendí a quererme un poco más,
aunque el dolor dance con su tempestad,
y el aire abandone mis pulmones y
neuronas;
aun así, vuelvo a creer en mí,
porque nada es fácil, solo está en mi
conciencia
que no soy perfecto y tengo mil defectos;
pero si algo he aprendido en la vida,
es que con honestidad si hay felicidad.

AGRADECIMIENTO

Hoy quiero terminar agradeciendo eternamente a todos ustedes que también son parte de mi inspiración, porque leer es instruirse, es obtener sapiencia, más aún si se trata de poesías del corazón; porque aprendemos a dar valor a la vida a los sentimientos y al prójimo. Sin mas les dejo con una breve reflexión.

La perplejidad de la vida conlleva a muchos temores esparcidos en fragmentos inicuos durante nuestra existencia; cuando uno de estos colapsa en nuestro interior realmente el trauma es atroz, muchas veces morimos frustrados al no escapar de esa dolencia.

Solo la astucia nos aleja de las fobias porque esta prescrito que la mente tiene poder por sobre todo el cuerpo, incluso exteriormente nos convierte en mojigatos de nuestro propio ego.

No quiero abrumarlos en un concierto de plegarias psicológicas, simplemente quiero decir VIVE hoy y no esperes el mañana para ser feliz.

Gracias por apreciar este maravilloso laberinto de emociones encontradas; por favor no olviden de predicar la cordura, la sensatez y sobre todo, darle valor a la atracción emocional que destila el corazón.

Hoy y siempre

Codi Albert

Agradecimiento especial a:

Elizabeth Chango
Luis Ghiggo
Rita Guillen Huamani
Daniele Veronesi